Mieux éduquer ses enfants grâce aux outils de l'Hypnose

Christophe Pank

Sommaire

Avant Propos :

Lorsque je voyage en train j'aime parler avec les personnes qui s'y trouvent. J'aime l'échange que nous construisons, les sujets que nous abordons. J'ai eu la chance lors d'un déplacement récent de parler avec deux mères célibataires qui m'expliquaient la complexité de l'éducation, d'autant plus quand leur famille était dissoute pour l'une et recomposée pour l'autre.

En les écoutant, je me suis souvenu d'une discussion que j'avais eue avec Lee Pascoe, une de mes professeurs d'Hypnose et de la Méthode Silva. Elle me disait que ce serait une belle chose de proposer aux parents quelques clefs pour les enfants. Au travers de toutes les méthodes de développement personnel qui existent dans le monde il y a forcément des choses qui peuvent être facilement mises en application.

Combien parmi nous, se sont dit que s'ils avaient appris ces 'techniques' plus tôt, leurs vies auraient été différentes. Et j'en suis persuadé. Pendant ce trajet, je me suis dis que peut-être, avec mes connaissances et mes heures de pratique, je pourrais proposer un support de quelques pages sur le sujet.

Je viens de finir un livre qui traite de l'hypnose sur les enfants. Cela peut donc être passionnant de proposer quelques techniques aux parents.

Je ne suis pas père, et sincèrement je pense ne jamais l'être, je ne me sens pas capable de cela.

En revanche, j'adore enseigner et prendre attention aux plus jeunes. J'ai eu la chance très tôt de pouvoir enseigner mes passions pour les sports de combat à des jeunes.

Dans ce livre je ne prétends pas vous donner des idées d'éducation, je ne suis pas apte à cela. Pourtant, je peux vous proposer des idées, des chemins pour que vous fassiez votre propre sauce et que vous y associez des méthodes qui ont fait leurs preuves avec le temps et les années.

Je ne sais pas du tout l'impact qu'aura ce livre, je vais en faire une version courte afin de savoir si cela peut réellement vous aider, vous faire avancer et vous permettre de donner un peu plus à vos enfants que vous aimez tant.

Si les retours sont bons et positifs, surtout utiles, je continuerai ce travail.

Prenez soin de vous et de ces êtres que vous aimez tant. Vous êtes, vous parents, capables de leur donner beaucoup et vous les préparer à devenir les hommes et les femmes de demain.
Merci pour cela.
Pank

1/ Les Parents

Un livre de ce type doit être didactique et donner des pistes faciles à mettre en place. Vous êtes parents et il y a de forte chance que vous n'ayez pas de temps à perdre. Si vous avez ouvert ce livre aujourd'hui c'est que vous sentez que vous pouvez apporter bien plus à vos enfants et que parfois, il vous manque des outils pour gérer leurs peurs, leurs stress, leurs colères, leurs frustrations...

Vous avez bien plus d'impact que n'importe quel thérapeute dans ce monde. Vous avez ce que l'on appelle en hypnose un 'rapport' extraordinaire avec vos enfants. Ils vous font confiance, ils se réfèrent à vous et à vos façons d'agir. Ce que nous faisons en cabinet vous pouvez le faire dans le quotidien, pour désamorcer des tensions, pour effacer toutes ces choses qui, refoulées, pourraient devenir des traumatismes.

Je souhaiterais que vous gardiez en tête quelques points importants. Je reprends ce que John Kappas a beaucoup développé dans son hypnose dite 'Kappasienne'.

Dans sa logique thérapeutique, les enfants ont deux phases très importantes.

De la Naissance jusqu'à 7 ans c'est une phase dans laquelle le 'First Caretaker CT1' prend sa place.

De 7 à 14 ans c'est le 'Second Caretaker CT2' qui est là pour la phase de mise en place.

Les « caretakers » sont les personnes qui prennent soin de l'enfant dans sa vie. En général le CT1 est la mère et le CT2 est le père.

Mais soyons un peu plus précis. L'enfant ne reconnaît dans la première partie de sa vie que sa mère, si éventuellement la mère n'est pas présente, il va être attiré par une figure féminine comme compensation. A partir de 7ans c'est une figure masculine qui jouera la figure importante pour l'enfant.

Le CT1 permet la mise en place de la personnalité intérieure de l'enfant et le CT2 lui offre la personnalité qu'il devra mettre en place vis-à-vis du monde extérieur.

Cette théorie peut être remise en question, mais ici ce n'est pas le propos. Sur le terrain, j'ai été surpris de voir à quel point ces observations étaient valides. Vous, en tant que parents pouvez déjà prendre conscience de votre place dans cette dynamique.

Je sais que dans les discussions que je peux partager, beaucoup de mères célibataires m'expliquent que la première partie de la vie d'un de leurs enfants, elles n'étaient pas présentes et me demandent ce que cela signifie, et si l'enfant va reconnaître son père comme sa mère. Je ne suis pas assez spécialisé dans la psychologie infantile pour vous donner une réponse valable. Je pense que les travaux de Winicott pourraient donner des orientations.

En revanche, de mon point de vue, il sera extrêmement difficile de trouver la mère dans le père, cette première partie de vie est très importante pour l'équilibre intérieur de l'enfant. D'ordinaire le père s'intègre dans la vie de l'enfant vers l'âge de 3 ans pour réellement prendre sa place vers 6-7 ans.

Paradoxalement, ce que 'construit' intérieurement l'enfant qui n'a pas de père de 7 à 14 ans me semblent moins problématique, dans le sens où s'étant ouvert au monde social, il pourra trouver une figure masculine, dans un professeur, un coach de sport, un grand père ...

D'une façon ou d'une autre cela jouera sur la personnalité de l'enfant et la perception qu'il aura de son monde et du monde.

Comme parent, il est intéressant de faire un constat sur sa vie de couple, sa place dans la famille, sa place vis-à-vis de ses enfants et ses propres traits de caractères.

Nous reprendrons la logique de Platon ' Connais Toi, Toi même'. Cela pourra vous permettre de vous adapter au mieux vis-à-vis des enfants et de votre conjoint.

2/ Les Types de Personnalités

Je vous propose, dans la dynamique que vous mettez en place, de découvrir quelques points intéressants provenant d'un système qui se nomme 'ennéagramme'. Je vous conseille de vous rapprocher de Nicolas Depetris et de son site www.approchepearl.com. Ce formateur d'exception présente de façon très construite et très moderne, ce système de développement personnel.

Dans cette école ils définissent 9 types de personnalités. Pas de crainte à avoir ce n'est pas une case figée qui vous impose un dogme, c'est un monde très flexible et aux multiples facettes. Pour cet ouvrage, et je m'en excuse auprès des puristes, je vais réduire au minimum les 'ennéatypes' pour que vous puissiez comprendre et sûrement trouver le type de personnalité que vous avez et ceux de vos enfants. Même les dénominations ne sont pas 'justes' mais personnelles.

Les Types de Personnalités :

1- Le Perfectionniste. C'est une personnalité qui souhaite absolument que tout ce qu'il fait, pense et met en place doit aller droit. L'erreur personnelle est difficilement acceptée. D'ailleurs c'est souvent de la faute des autres si tout n'est pas sur les rails. Ce type fait tout pour que cela fonctionne.

2- La bonne pâte. Cette personnalité s'oublie facilement pour les autres, elle est prête à tout donner pour les autres. Derrière cette belle attitude, il y a un grand besoin de reconnaissance et de retour. Je te donne mais il serait bien que tu me donnes aussi.

3- Le compétiteur. Ce type de personne est tout le temps dans le challenge. Le plus important est de faire et d'avoir, ne pas forcément être. Elle met constamment en avant ses performances et ses expériences pour se faire aimer et accepter. C'est un monde où il faut montrer la valeur la plus forte vis- à-vis des autres.

4- L'artiste. C'est celui que vous connaissez comme étant un hyper émotif, il est capable de passer du plus beau sourire aux larmes assez rapidement. Il est en quête d'un idéal, qu'il n'obtiendra sûrement jamais ce qui fait qu'il se plaira dans cet état tortueux.

5- Le Geek. C'est la personne qui va s'enfermer dans un monde cérébral, que ce soit la lecture, la télé, les jeux, ou une passion qui l'isolera. Il cumulera les connaissances et les qualités et parfois il aura du mal à partager cette connaissance accumulée.

6- Le Suiveur Il cherche à suivre une voie, une idée voire un dogme. Il sera le porte-parole extraordinaire et se sentira bien quand il se trouvera intégré dans un groupe.

7- Le Joueur. Il est plutôt épicurien et désire passer un maximum de bon temps. Il prévoit toujours des plans B multiples pour éviter de se retrouver en face de l'ennui et surtout de la souffrance.

8- Le leader. Il cherche le pouvoir et il est constamment dans la fuite de la faiblesse, il est assez manichéen, soit on est avec, soit on est contre, les contrastes sont difficiles avec lui.

9- Le médiateur. Il cherche la paix, il ne souhaite aucun conflit et surtout reste assez ancré sur ses acquis. Il aime beaucoup remettre au lendemain ce qu'il doit faire.

Avec cette présentation, avez-vous une idée de quel type vous pourriez être ? N'ayez crainte, on se retrouve tous dans plusieurs caractères. Posez-vous simplement des questions, cela vous permettra de prendre un temps avec vous même et de découvrir un peu plus ce qui se cache derrière un de vos enfants. Vous pourrez adapter les mots pour plus de compréhension.[19]

3/ La Sémantique

Il y a une chose qui est capitale pour vous qui êtes parents, c'est de reconnaître le canal de communication de votre enfant et de vous y adapter. Ces canaux sont nommés en Programmation Neuro Linguistique (PNL) VAKOG.

1- V = Visuel : Votre enfant exprime ses émotions et son vécu par des images, des descriptions plus ou moins longues. Il parlera beaucoup en couleurs, en tailles, en détails des éléments qu'il exprime. Les mots peuvent être 'clair', 'beau', 'tu vois'... Il peut avoir un débit de parole rapide, aimer très tôt, le beau, le bien habillé, l'esthétique.

2- A = Auditif : Votre enfant est sensible aux sons, aux bruits, il regarde rarement dans les yeux quand il parle et cela ne le gêne en rien pour suivre une conversation. Il prend attention aux mots et rebondi sur les timbres de voix, vos expressions, vos mots plus hauts que les autres. Il n'est pas très descriptif, il tente d être synthétique et juste sur ses mots. Il a un débit de parole assez posé. Il s'habille plutôt pour être à l'aise dans toutes les situations.

3-K = Kinesthésique : Votre enfant est beaucoup dans le mouvement, il n'arrête pas de bouger, il exprime beaucoup ses ressentis et ses sensations corporelles. Il n'hésite pas à constater avec le corps : il fait chaud, c'est lourd...

Dans ses descriptions, il va valoriser ce qu'il a vécu en lui plutôt que le contexte et les détails. Il est en général plutôt lent dans son débit de parole. Il voudra porter des vêtements agréables, qui lui donnent chaud, ou au contraire qui respirent ...

4- O = Olfactif. Et G = Gustatif : Votre enfant est dans un lexique d'odeur ou du goût. C'est assez rare, le peu que l'on rencontre se retrouve dans les métiers de la bouche.

Prenez un temps pour redécouvrir votre enfant. Écoutez-le, faites une enquête au travers d'une recherche de sa façon de parler. Vous allez être surpris de ce qu'il dit et de sa manière de l'exprimer.

Une fois que vous commencez à le découvrir, faites la même chose vis-à-vis de vous. Vous pourrez comprendre assez rapidement pourquoi, parfois, vous avez l'impression de parler dans le vide, ou que vous ne vous êtes pas fait comprendre. En PNL c'est un des éléments de la mise en rapport. Parce que oui, vous devez construire un rapport avec votre enfant.

Une connexion qui vous permettra de faire passer les informations importantes que vous souhaitez lui transmettre.

En PNL, on estime que le seul fautif d'une mauvaise communication est l'émetteur.[22]

Cette première phase de mise en rapport passe par ce que l'on nomme du 'miroring', en somme faire un effet miroir à notre partenaire. Aucune inquiétude vous le faites très souvent de façon naturelle. Prenez par exemple, quand vous vous accroupissez pour vous mettre à hauteur de l'enfant. Vous vous mettez dans un registre qu'il connaît et en lui il y a une connexion possible pour échanger.

Avec la découverte de son canal, vous allez vous faire mieux comprendre. Imaginez que vous soyez un kinesthésique et que votre petit soit un visuel... Pour lui expliquer quoi faire pendant un devoir ou une activité, lui ne comprendra qu'avec son corps, il faudra le faire écrire, bouger, tapoter, et vous lui expliquerez sûrement avec un schéma, avec des images, des explications métaphoriques, mais lui ne peut pas comprendre. Cela revient à vous faire comprendre le théorème de Pythagore, en langue moldave... même si vous avez lu l'énoncé, peu de chance que vous intégriez ce que vous explique le professeur.

Votre enfant est dans la même situation. Une fois que vous aurez bien compris et que vous utiliserez ses mots, ses images, ses gestes, vous allez construire un nouvel échange, une nouvelle compréhension et vous serez étonnés de voir que les choses vont s'intégrer plus rapidement.

C'est d'ailleurs une des difficultés pour les enseignants qui ont dans leurs classes un ensemble d'élèves qui ont des canaux différents. Comme les professeurs ont eux mêmes leurs propres lexiques, ils n'arrivent pas à s'adapter à tous, et ils perdent automatiquement des groupes.

Commencez donc à utiliser les mêmes mots et les mêmes expressions que vos enfants, si vous n'êtes pas du même canal, imposez-vous d'ouvrir votre lexique au sien.

4/ Adapter son lexique aux personnalités

Vous pouvez maintenant plus facilement comprendre que les mots que vous allez utiliser vous permettront de faire en sorte que votre méthode éducative soit optimisée avec l'impact de vos mots.

Si nous rajoutons à cela les personnalités que vous pourrez étudier plus intensément en ennéagramme, vous allez rapidement comprendre que votre façon de prendre une personnalité avec des mots justes pourra changer sa perception et surtout sa façon d'aborder les choses.

1- Le perfectionniste : Votre enfant est dans la recherche de perfection certainement parce qu'il a senti comme un devoir d'être parfait envers vous. Si vous utilisez un lexique basé sur les félicitations, il aura une impression de s'aligner à ce qui est juste. Ces enfants doivent être mis en avant vis-à-vis de ce qu'ils mettent en place. Il est plus intéressant de les orienter vers ce qui est 'mieux' que de critiquer l'acte qui est dissonant. Ces enfants cherchent à éviter de se mettre en colère. En effet, si cette émotion éclate elle met en valeur une imperfection.

Il y a un élément important que vous pouvez garder en tête dans toutes les situations avec tous les types de personnalités.

Nous sommes tous habitués à faire des remarques concernant ce qui est fait de mal. Il nous est habituel de dire :

1- Ne fait pas ceci ou cela 2- Arrête telle ou telle chose 3- Ne va pas vers... 4- Surtout ne t'approche pas de ...

Nous sommes habitués de faire des injonctions négatives. Seulement toute négation inclus le concept qui est défendu. Vous comprenez bien que si vous souhaitez que votre enfant ne s'approche pas de la marmite bouillante et que vous lui dites : 'Surtout ne t'approche pas de la marmite, elle est chaude', il est obligé de construire une image mentale de lui en train de s'approcher de l'objet interdit et de le toucher pour se rendre compte que c'est bouillant.

Que nous le souhaitions ou non, nous construisons au niveau du subconscient la démarche et par conséquent nous créons l'ordre à notre cerveau. C'est une des raisons pour lesquelles dans les livres de développement personnel, les auteurs vous conseillent de plutôt trouver une phrase affirmative. Dans notre exemple, vous pourriez simplement dire 'Reste hors de la cuisine et continue à jouer'.

N'hésitez pas à orienter vers ce que vous attendez et évitez de dire ce que vous ne souhaitez pas.

2- La bonne pâte : C'est une personnalité qui cherche vraiment à faire plaisir et à sentir qu'il fait des choses que les autres vont approuver. En l'occurrence, vous en tant que parents, il souhaite que vous soyez contents et fiers de lui. Il attend des remerciements et des félicitations pour ce qu'il met en place. Il est possible que les résultats ne soient pas positifs, vous pouvez tout de même mettre en avant la démarche et lui proposer ce qui serait mieux pour vous ou pour lui.

3- Le compétiteur : Cette personnalité va constamment vous challenger, il est capable de tout faire, de faire mieux, de faire plus. Votre enfant sera toujours prêt à prouver ses capacités et qualités, si vous lui proposez un lexique de défi, il va rapidement entrer dans le jeu, ce qui va le stimuler. Jouez avec lui pour qu'il puisse sentir qu'il 'gagne' des choses. Il a besoin de faire et d'avoir pour être. Vos mots doivent être dans 'la gagne'.

4- L'artiste. Les mots sont dans les extrêmes émotionnels. Il vous suffit de travailler sur l'unicité de son être. Mettez en avant ses valeurs dans sa différence. Si vous sentez que votre enfant ne fait pas ce qu'il faut, découvrez sa quête.

Vous serez étonnés de voir que cela deviendra un levier de motivation et d'écoute, lorsque la direction prise sera positive et constructive.

5- Le Geek : En général ce type de caractère reste dans son monde, il vous sera utile de comprendre son monde pour communiquer avec ses références clefs. En effet, j'ai eu des échanges avec des mères qui me disaient que leur enfant passait son temps sur des jeux en ligne. Les générations actuelles sont de plus en plus connectées aux différents réseaux, ils s'enferment. Je leur ai conseillé de connaître leurs jeux comme devenant une référence métaphorique vers ce à quoi ils tendent. Pour l'enfant qui est dans l'obtention d'un maximum d'informations, aidez-le à obtenir son 'alimentation intérieure'. Il se nourrit parce qu'il a peur d'un vide. C'est un enfant qui a besoin d'une attention plus importante. Montrez-lui de l'intérêt.

6- Le Suiveur : Votre enfant va chercher un dogme à suivre. Dans votre lexique, il faut qu'il puisse sentir qu'il est intégré au groupe 'famille'. Qu'il est reconnu comme un bon élément de cette cellule.

C'est parce que vous allez mettre en avant ce qu'il fait pour vous, ses frères et ses sœurs qu'il pourra évoluer dans ce qu'il pourra considérer comme bon. Mettez en avant les mots comme 'Nous sommes TOUS fiers de toi', quand il n'ira pas dans le sens qui vous semble juste.

N'hésitez pas à lui faire remarquer que ce n'est pas ce qui est demandé.

Il a besoin de se sentir accepté dans le groupe, orientez-le vers ce qui vous semble le mieux pour lui. Et toujours mettre en avant le groupe intégré comme satisfait par ce qu'il fait : l'école, la famille, les amis, l'équipe de sport.

7- Le Joueur : Vos mots doivent être ludiques, toute action ou tout apprentissage doit apporter un plaisir. En effet, quand vous souhaitez faire faire quelque chose ou orienter certains aspects de votre enfant joueur, proposez-lui un plan 1 qui lui paraîtra ennuyant et fastidieux et un plan 2 qui intégrera votre demande et qui permettra d'avoir un plaisir dès que la 'mission' sera accomplie. Sa personnalité évitera par nature ce qui peut le faire souffrir donc proposez toujours des alternatives 'moins contraignantes'.

8- Le Leader : Ce caractère vous laissera peu de possibilités si vous ne mettez pas en avant sa grande force de caractère et que vous ne lui laissez pas de responsabilité, vous risquez de le voir très têtu. Alors, jouez avec des mots comme : 'on sait que tu es capables de', 'c'est énorme ce que tu as fait comme travail alors que c'était difficile', 'tu fais beaucoup plus que...' Vous permettrez à cet enfant d'avoir la sensation d'être plus fort et donc respecté pour ce qu'il est.

9- Le Médiateur : Votre enfant sera plutôt calme, mais ne le laissez pas trop dans ce calme apparent, il a besoin qu'on le booste sinon il peut facilement tomber dans une forme de fainéantise et jouer avec ses acquis. Montrez-lui toujours les bénéfices qu'il gagnera à faire une action demandée. Le retour devra lui permettre de moins mettre d'énergie une fois la démarche effectuée.

Vous découvrirez que vos mots et l'orientation de vos échanges avec vos enfants changeront les rapports que vous aurez avec eux.

5/ Gérer les tensions avec la respiration

Vous avez désormais quelques pistes pour le dialogue quotidien avec vos enfants. Pensez que vous pouvez les aider à évoluer de façon plus fluide en les découvrant sur différents aspects de leurs langages et de leurs personnalités.

Des parents me demandent fréquemment des outils pour soutenir leurs enfants en cas de stress. Nous sommes dans une société qui pousse les enfants et les adolescents à toujours plus de performance. Les écoles, les collèges et les lycées, imposent de plus en plus d'examens, et nous arriverons sûrement un jour dans la dynamique japonaise de construire des élites intellectuelles avec des écoles extrêmement 'compétitives'.

Il est difficile de dialoguer et d'échanger avec des personnes qui vivent un stress intense, certaines vont mêmes jusqu'aux dépressions, particulièrement dans la phase adolescente. Si nous pouvons transmettre des clefs pour s'ouvrir à plus de paix et à une gestion de cette émotion, la famille pourra vivre en harmonie.

La première chose à faire pour aider nos enfants face au stress, c'est de travailler sur le nôtre.

Si nous sommes nous-mêmes dans une tension, nous la transmettons à ceux qui nous entourent.

Le faire avec votre enfant aura l'avantage d'être un moment de partage, d'apprentissage, d'échange. De plus vous devenez un modèle pour lui. Il y a un concept en PNL que je trouve intéressant, si l'on souhaite qu'une personne aille dans une direction, nous devons faire le premier pas pour y aller. Nous devenons dès lors l'exemple et l'impulsion de la dynamique.

Prenons une technique extrêmement connue : la respiration. Celle-ci va vous permettra d'améliorer votre vie au quotidien.

La respiration, est une chose que nous faisons quotidiennement, inconsciemment, mais terriblement mal. Comme beaucoup de choses, marcher par exemple, nous nous sommes habitués à faire "naturellement" des actions, et désormais nous n'y prêtons plus attention. Pour respirer, par exemple, il est utile par moment de se reprendre. Plus nous oxygénons notre corps, plus nous pouvons nous relaxer, nous détendre et nous centrer.

Nous allons prendre conscience des trois étapes de la respiration.

Prenez votre temps, il n'y a pas d'erreur possible, seulement il va peut-être vous sembler étonnant que certaine choses vous semblent complexes, simplement parce que vous n'aviez plus l'habitude d'y prendre une pleine attention. Cette prise de conscience est déjà une approche pour vous apaiser, vous relâcher, vous sentir plus en phase.

Vous allez vous réassocier à vous même avec tout ce que cela peut apporter dans une société où nous ne prenons plus de temps pour nous.

PHASE 1 :

L'inspiration : Il faut apprendre à fixer son attention sur plusieurs points durant l'inspiration. Déjà nous devons respirer uniquement avec les narines.

Vous avez peut-être appris, pendant vos cours de sport, qu'il était préférable de prendre son souffle avec la bouche, ou d'expirer avec cette dernière. Dans cette dynamique de relaxation, nous ne sommes pas en train de faire du sport.

Nous n'utiliserons pas notre bouche durant tout cet exercice, nous laisserons l'oxygénation se faire par le nez.

Dans cette phase, votre attention va se diriger vers votre ventre. Pour certains d'entre vous cela sera simplissime, pour d'autres cela prendra un petit moment.

Dans le chapitre qui traite des Canaux de communication vous avez découvert les VAKOG, et bien il y a une chose assez étonnante, en fonction du canal, nous n'avons pas la même respiration.

Les Visuels vont plus facilement respirer avec la partie haute du corps, la poitrine.

Les Auditifs avec la zone du plexus, comme si c'était la première partie du corps qui était en mouvement sur leur inspiration.

Les kinesthésiques vont respirer plus souvent avec le ventre. Souvenez-vous que les kinesthésiques ont un rythme plus calme, ils parlent plus posément. Leur façon de respirer est plus adaptée pour la relaxation.

Habituellement, nous inspirons en rentrant le ventre. C'est une habitude que le stress, qui impose un rythme rapide, nous a infligé.

Dans cet exercice vous devez prendre conscience le plus possible de votre ventre. Vous allez d'abord le gonfler en le remplissant d'air.

Amusez-vous à constater que parfois, naturellement, vous allez bouger votre poitrine avant même d'avoir gonflé votre ventre. Cette respiration abdominale demande un léger apprentissage qui pourra vous changer la vie sur plusieurs aspects. Vous pourrez gérer plus facilement vos émotions, vous pourrez vous centrer plus rapidement, vous pourrez vous détendre en un instant.

L'inspiration abdominale vous permettra d'emplir votre corps d'oxygène depuis votre ventre vers vos poumons en passant par votre plexus. Faites-en sorte que vos poumons se remplissent en dernier.

En somme, votre inspiration suit le processus suivant :
Remplir le ventre Remplir la zone du plexus Remplir → → les poumons

Quand nous sommes stressés, nous ne respirons que par les poumons, d'ailleurs observez que vos collègues ou amis qui sont pleins de tensions se voûtent et ne respirent que de manière courte.

Prenez votre temps sur l'apprentissage de cette partie.

PHASE 2 :
La Suspension :
Suspendez votre respiration, la moitié du temps que vous avez pris pour inspirer.

Cette phase doit se faire en détente, il ne faut pas que cela devienne désagréable. Tout doit suivre un cycle naturel, non forcé mais toujours orienté.

PHASE 3 :
L'expiration :
Cette phase deviendra rapidement la plus agréable.

A l'inverse de l'inspiration, on doit commencer par les poumons, puis le plexus et le ventre. Vous devez fondamentalement axer votre attention sur votre "hara" (c'est l'océan d'énergie des Chinois, il se trouve à un pouce sous le nombril). Avec cette approche vous expirerez complètement l'oxygène de votre corps.

Il faut que vous le fassiez au même temps que l'inspiration.

POUR RESUMER :

Inspirer par le nez, en gonflant le ventre, du hara, par le plexus et aux poumons. Suspendez votre respiration, la moitié du temps de l'inspiration. Expirez par le nez, en vidant les poumons, le plexus et le hara.

LES TEMPS : Pour vous régénérer d'une fatigue, d'une baisse de forme :

4 secondes d'inspiration 2 secondes de suspension 4 secondes d'expiration.

Pour débuter la relaxation :

6 secondes d'inspiration 3 secondes de suspension 6 secondes d'expiration

Pour la détente et le recentrage :

8 secondes d'inspiration 4 secondes de suspension 8 secondes d'expiration

Vous allez constater qu'il est important de développer une multitude d'apprentissages pour changer les comportements de vos enfants et par complémentarité les vôtres. Cette dynamique du changement a été exprimée par Robert Dilts au travers d'une pyramide destinée au coaching.

Pour changer un environnement, nous devons changer notre comportement vis-à-vis de cet environnement. En l'occurrence, nous ne sommes pas aptes à changer le système qui nous entoure, et vous, en tant que parents, ne pouvez pas transformer le système éducatif, le monde social... Donc il faut trouver des comportements qui seront les plus adaptés pour triompher de l'environnement.

Seulement comment peut-on changer un comportement que nous avons depuis des années, comme être timide, agressif... par rapport à ce monde. Il suffit simplement d'apprendre de nouvelles capacités, c'est ce que vous êtes en train de faire à cet instant et c'est ce que vous allez partager avec vos enfants.

Les techniques ont cette force de pouvoir donner de nouvelles réponses comportementales.

A partir de maintenant quand vous allez avoir une contrariété, ou que votre enfant, lui, va se sentir tendu avant un contrôle, un examen, une compétition, vous allez l'habituer à respirer, à se centrer.

Cela influencera sa façon de voir l'environnement hostile avec un filtre de relaxation plus important. Il ne subira plus mais il aura une 'arme' pour s'adapter au mieux.

6/ Le training Autogène de Schultz

Cette méthode suit celle pour gérer les tensions et le stress. Offrez des voies possibles à vos enfants. Schultz cherchait à retourner en état de transe hypnotique, mais sans qu'il y ait un opérateur. C'est une forme d'auto-hypnose qui a fait ses preuves.

Je trouve que pour vous, parents, cette méthode pourra être un excellent exercice avec vos plus jeunes enfants. Faites faire une phase par semaine, parmi celles qui sont présentées dans les pages suivantes, au moment ou vous allez coucher votre enfant. Vous verrez qu'il va facilement assimiler le système et vous allez lui 'ancrer' et cela lui reviendra spontanément en cas de stress.

Pour les adolescents, offrez leur cette méthode, faites-la si possible avec eux, il faut un temps d'apprentissage plus long que celui de la respiration. Selon son caractère vous trouverez les mots adéquats pour les motiver.

Schultz a cherché à remettre en état de Transe avec une méthode psychique et physique.

Voici son idée et l'efficacité est facilement palpable, vous pouvez le voir facilement sur vous.

Position : Allongée 'Cocher de fiacre' (position conseillée) Assis dans un fauteuil (Faire les exercices en mode apprentissage, c'est-à-dire sur un délai de 10 jours par Phase, avec une répétition de 5 à 10 fois par jours).

Phase 1 : PESANTEUR
Formule à répéter "JE SUIS TOUT A FAIT CALME"
Associer des images mentales : Commencer par répéter les mots puis "Mon bras droit est lourd" (Phase 1a) Commencer par répéter les mots puis "Mes bras et mes jambes sont lourds". (Phase 1b) Commencer par répéter les mots puis " Tout mon corps est lourd". (Phase 1c)

Phase 2 : CHALEUR
Formule de calme : "JE SUIS TOUT A FAIT CALME" Formule de pesanteur : " Tout mon corps est lourd" + Formule de chaleur : "mon bras droit est tout chaud" (phase 2a) Puis "l'ensemble de mon corps est tout chaud" (Phase 2b)

Phase 3 : REGULATION CARDIAQUE
Formule de calme : "JE SUIS TOUT A FAIT CALME" Formule
de pesanteur : " Tout mon corps est lourd" Formule de chaleur
:"L'ensemble de mon corps est tout chaud" + Formule de
régulation : "Mon coeur bat calme et Fort "

Phase 4 : CONTROLE RESPIRATOIRE
Formule de calme : "JE SUIS TOUT A FAIT CALME" Formule
de pesanteur : " Tout mon corps est lourd" Formule de chaleur
:"L'ensemble de mon corps est tout chaud" Formule de régulation
: "Mon coeur bat calme et Fort " + Formule de Contrôle
Respiratoire : "Ma respiration est tout à fait calme et tout mon être
respire"

Phase 5 : REGULATION des ORGANES ABDOMINAUX
Formule de calme : "JE SUIS TOUT A FAIT CALME" Formule
de pesanteur : " Tout mon corps est lourd" Formule de chaleur
:"L'ensemble de mon corps est tout chaud" Formule de régulation
: "Mon coeur bat calme et Fort "
Formule de Contrôle Respiratoire : "Ma respiration est tout à fait
calme et tout mon être respire" + Formule du Plexus: " MON
PLEXUS EST TOUT CHAUD"

Phase 6 : REGULATION CEPHALIQUE
Formule de calme : "JE SUIS TOUT A FAIT CALME" Formule
de pesanteur : " Tout mon corps est lourd" Formule de chaleur
:"L'ensemble de mon corps est tout chaud" Formule de régulation
: "Mon coeur bat calme et Fort " Formule de Contrôle Respiratoire
: "Ma respiration est tout à fait calme et tout mon être respire"
Formule du Plexus: " MON PLEXUS EST TOUT CHAUD" +
Formule Céphalique : "Mon front est agréablement frais"
Les répétions des formules vous permettront de facilement vous
replonger dans un état de conditionnement positif et relaxant.

7/ Quelques techniques pour mieux dormir.

Dans ce chapitre nous abordons un problème qui est récurrent chez de nombreux enfants et parents : Le sommeil.

Nous savons tous que le sommeil est essentiel pour la croissance et l'équilibre des enfants. Pour nous adultes, il est également nécessaire pour la récupération.

Je vous présente plusieurs techniques qui ont un point commun. Elles permettent à son pratiquant d'entrer dans une 'transe' (c'est-à-dire un état ouvert de lui-même) lui permettant de se reconnecter avec un point essentiel de la vie : lui-même et non avec les pensées factices et parfois oppressantes.

Technique 1 : Point de l'infini

La première provient d'un grand Aikidoka : Sensei Koichi Tohei qui a créé la Ki Society. L'aikido est un art martial japonais basé sur l'utilisation de l'énergie interne qui est certainement liée à la force du subconscient.

La plupart du temps, lorsque vous n'arrivez pas à dormir, c'est que vous pensez à de nombreuses idées, et que bien sûr vous vous répétez :

« Je veux dormir, je ne comprends pas pourquoi le sommeil ne vient pas alors que je suis fatigué, etc... »

1- Dans un premier temps, reprenez Conscience de votre corps de la tête aux pieds et des pieds à la tête.

2- Puis posez vos mains au niveau du nombril, voire légèrement plus bas (environ 5 cm en dessous).

3- Imaginez l'univers, ce cosmos avec ses étoiles, comme les photos de la NASA.

4- Placez cette image sous vos mains et toutes les pensées que vous avez, entraînez-les dans cet « infini »

5- Votre seul travail est de Garder votre Attention uni quement sur ce point.

6- Que vous vous endormiez ou pas, vous verrez que le lendemain matin, vous serez frais et reposé.

Technique 2 : Technique de Sophrologie

La seconde technique nous provient de la Sophrologie, cette très belle méthode mise en place par Caycedo.

1-Vous allez comme pour la technique précédente « Prendre Conscience » de votre corps de la tête aux pieds et des pieds à la tête.
2-Inspirez puis commencer à vous contracter comme un bébé qui s'apprête à pleurer, environ 5 secondes, relâchez.
3- Expirez Sereinement sans rien forcer.
4-Recommencez 6 fois.
5- Refaites la même chose mais en vous fixant sur votre tête : serrez les yeux, la mâchoire, le front, restez 10 secondes ainsi, relâchez.
6- Vous sentirez votre corps se détendre et vos pensées disparaître...
Notez que Jacobson était un des initiateurs de cette méthode de contraction décontraction. C'est également très utile pour faire descendre les émotions négatives.

Technique 3 : Oh Relaxation

Cette méthode a été montrée lors d'un séminaire d'Hypnose de Mr Aggarwal. Celle-ci se fait pour vous Relaxer avant d'aller au lit.
1- Asseyez-vous sur une chaise : demandez-vous à quel niveau de relaxation vous êtes sur une échelle de 1 à 10.
2- Posez vos pieds, uniquement sur les talons (donc pointes des pieds vers le haut
3- Posez vos mains Ouvertes vers le ciel sur les genoux, bras tendus
4- Mettez votre tête sur l'arrière le Plus Possible.
5- Vous constaterez que ce sont des postures désagréables et peu naturelles.
6- Commencez à vous dire : ma tête est lourde, et Sereine, j'enlève toute tension, je me laisse aller... Vous constaterez que votre tête tombera sur l'avant, ne la retenez pas...
7- Puis continuez à descendre vos pensées de détente et de lourdeur vers vos mains, vous sentirez que ces dernières, vont se retourner et se laisser tomber ...

8- Enfin descendez cette détente vers vos pieds, et laissez aller la pesanteur et la détente.

9- Restez dans cette état de Détente, puis une fois détendu redressez-vous, interrogez-vous sur votre échelle de détente.

10- Refaites l'exercice jusqu'à être à 9 ou 10 et allez vous coucher ...

Technique 4 : Calme et Silence

Cette méthode est typique des Stratégies de PNL. Dans le Bien-être et la relaxation, nous avons toujours un Dialogue interne, parfois virulent, mais nous pouvons l'entraîner vers quelque chose de Paisible et Positif.

1- Commencez par Écouter ce que votre tête vous envoie comme informations : sont-ce des histoires, des choses à faire, des idées noires, des objectifs....

2- Définissez le ton de cette « voix » intérieure: est-elle forte ? Rapide ? Agressive ? Impérative ?

3- Une fois que vous avez bien perçu cette voix, commencez à Relaxer votre corps avec des Respirations Profondes.

49

4- Imaginez un bouton de son comme sur votre chaîne HIFI, votre Ipod, ou votre PC.

5- A chaque souffle, imaginez-vous en train de diminuer le Son de cette voix, comme si petit à petit, cela devenait un chuchotement.

6- Baissez également le rythme des mots... Ralentissez, comme si vous alliez mettre en pause une vidéo.

7- Au fur et à mesure cette voix va s'atténuer, et sera à peine perceptible, et vous serez rapidement dans un état d'endormissement.

Choisissez et trouvez l'exercice qui vous conviendra le mieux. Ils sont simples et ont permis à de nombreuses personnes de retrouver un sommeil qu'elles avaient perdu. Gardez en tête qu'il est important justement de lâcher ce qui se passe dans sa tête. Nous nous déconnectons de nous.

Descartes nous a enseigné qu'il y a une séparation entre le corps et l'esprit.

Cette notion est tellement imprimée dans notre culture occidentale que nous éprouvons une grande difficulté à nous écouter, à nous mettre en symbiose.

Vous remarquerez que beaucoup d'enfants sont encore plus dissociés d'eux-mêmes. Nous sommes entourés d'écrans, de sons et de tensions, cela affecte notre corps et notre esprit. Pour éviter de nous sentir trop mal, nous faisons en sorte de ne plus nous écouter. Nous nous plongeons dans des activités extérieures, comme la télévision, écouter la musique, lire un livre... Paradoxalement cela ne nous remet pas en phase avec nous. C'est en observant et en écoutant notre dimension intérieure, dans un premier temps avec un nouveau contact avec le corps que nous pouvons sortir de cette dissociation.

Au lieu d'échanger des sons oppressants par de la musique, nous pouvons accompagner notre être vers plus de silence.

Comme il est proposé dans l'exercice 4. Au lieu de lâcher des tensions par encore plus de tension, par le sport à l'excès, par exemple, apprenez simplement à respirer et à vous centrer, c'est un outil intérieur tellement facile qu'il est parfois complètement occulté.

Dans les clefs que vous êtes en train d'étudier, pensez à la simplicité, l'outil le plus simple reste le corps. Il apporte de nombreuses réponses.

8/ Poursuivre ses émotions négatives

Nous vivons tous des variations émotionnelles, nous passons d'un état négatif vers un état positif. Parfois nous restons un peu trop dans des phases destructrices. C'est souvent le cas à la pré-adolescente et à l'adolescence. Il y a une explication hormonale, cependant il est possible de gérer ces émotions pour qu'elles ne deviennent pas les dictatrices de nos vies.
Il y a en Hypnose et en PNL des moyens qui permettent de modifier nos perceptions. Pour ce faire vous allez reprendre contact avec votre imagination. Et bonne nouvelle, vous avez tous de l'imagination et vos enfants encore plus. Nous sommes dans un potentiel sans limite grâce à cet outil. Faire pénétrer notre être dans l'imaginaire est un moyen d'entrer en Hypnose.
N'ayez crainte vous avez de l'imagination, imaginer n'est pas nécessairement visualiser. Si je vous propose de penser à une planche de surf, sur un océan rouge, avec des perroquets qui jouent de la guitare, ajoutez-y un chien aviateur et un chat chanteur de rock.... Avez-vous cette idée en tête ? Vous avez de l'imagination...
Avec cette facette de vous, il est possible de changer les perceptions et de proposer cela à votre enfant.

1- Demandez-lui de situer son émotion négative sur une échelle de 1 à 10. 10 étant le plus négatif.
2- Faites-lui situer cette émotion dans son corps. Qu'importe la zone, faites lui confiance. Puis faites-lui fermer les yeux. (S'il y a plusieurs zones, c'est parfait commencez par la zone la plus intense.)
3- Demandez-lui de lui donner une forme. Cela peut être une forme géométrique simple. Que ce soit un triangle, un carré, un cercle ...
4- Interrogez-le sur la taille, la couleur, le poids... N'hésitez pas à lui demander autant de détail que possible.
5- Maintenant, faites lui tendre le bras la main paume vers le haut et faites-lui imaginer que cette forme se déplace dans le creux de sa main.
6- Proposez-lui de l'amplifier, comme s'il y mettait toutes ses émotions négatives cumulées depuis des années.

7- Une fois qu'il aura la sensation que tout a été projeté dans cette forme. Faites-lui ouvrir les yeux comme pour projeter le reste dans la paume de sa main. Faites-lui faire trois fois. Puis faites-lui refermer les yeux.

8- Une fois qu'il se sent prêt à lâcher ce qu'il tient dans la main, qu'en cherchant dans son corps il n'y trouve plus rien, faites lui jeter comme une balle de tennis. Le plus loin possible, le plus fort possible.

9- Demandez-lui à combien il est sur son échelle. Vous verrez que pour les plus jeunes, tout sera à 0. Pour les adolescents, il faut parfois recommencer le même processus.

Vous constaterez que les émotions peuvent se transformer, se gérer, et vous apprendrez même que vous pourrez en créer des positives à volonté...[55]

9/ Technique Psycho Energétique

Depuis quelques années Il y a un système technique très simple qui a été mis en place par Gary Craig. Son nom Emotional Freedom Techniques (EFT).
A mes yeux cette méthode est une forme d'hypnose (cf Article Annexe). Elle est excellente pour les débutants de cette méthode. Je ne vais pas vous enseigner l'EFT mais plutôt sa méthode simplifiée. Je reprends les concepts du Simple Energy Techniques (SET) mis en place par l'un de mes professeurs Steve Wells
Cet exercice se fait à deux, votre enfant et vous. Vous allez mener le jeu et vous allez lui faire répéter en simultané vos mouvements et vos mots.

1- Définissez le niveau émotionnel.
Sur une échelle de 1-10, jaugez le niveau de stress ou d'émotions dissonantes chez votre enfant.
2- Définissez Le mal avec des mots.
Votre enfant pourra vous dire : 'Je suis stressé à cause de....' 'J'ai peur de ...'
57
'Mon prof, ma copine, mon coach m'a dit que ...' 'Je ne suis pas capable de ...'
3- Une fois que c'est défini faites un tapping sur la tranche de la main.
Qu'est-ce qu'un tapping : c'est un tapotement effectué avec l'index et le majeur sur une zone du corps, pour stimuler cette partie.
Vous allez prendre l'initiative du Tapping vous allez le faire sur la tranche de la main en répétant par exemple :
'Même si Je suis stressé à cause de... je m'aime et m'accepte parfaitement' 'Même si J'ai peur de ... je m'aime et m'accepte parfaitement' 'Même si Mon prof, ma copine, mon coach m'a dit que ... je m'aime et m'accepte parfaitement' 'Même si Je ne suis pas capable de ... je m'aime et m'accepte parfaitement'
Faites le répéter 3 fois, vous le faites en même temps, c'est un vrai partage que vous faites.
4- Après définissez le mot clef : 'Stress' 'Peur' 'Prof, copine, coach' 'Capable'
Et faites du Tapping sur différents points du visage

Vous répéterez ce mot en tapotant une dizaine de fois chaque point. Surtout faites le avec légèreté.

Une fois que vous avez tapoté sur les quatre points, répétez votre phrase de départ en tapotant sur la tranche de la main.

5- Vérifiez à quel niveau vous vous trouvez sur l'échelle des émotions. Vous observerez que l'émotion aura diminué ou se sera transformée.

6- Recommencez soit en adaptant une nouvelle phrase clef, si la peur s'est transformé en tristesse :

'Même si je suis triste je m'aime et m'accepte parfaitement'

Soit en continuant sur la même logique.

Vous allez être étonnés, les résultats sont assez exceptionnels. En effet, comme vous allez le faire en même temps, vous allez partager une chose extraordinaire avec votre enfant. En plus il y a une chose merveilleuse qui se transmettra naturellement, en effet vous allez avoir l'intention de faire du bien. Et dans cet état de transmission et d'échanges, vous allez vous rendre compte que vous allez devenir un thérapeute hors du commun pour lui. Faites confiance à l'amour et à votre volonté positive, le subconscient va comprendre et accepter cette force en plus du travail physique qui est mis en place.

10/ Faire grandir la motivation

Très souvent à l'adolescence il est difficile pour le jeune de se motiver. Il y a des tas de choses qui se passent physiquement, émotionnellement, de plus, en fonction de son type de personnalité, il peut plus ou moins vivre au travers des influences extérieures qui ne manqueront pas de vous tenir à distance.

Il existe un système assez simple pour permettre de construire un cheminement vers des objectifs.

Faites lui simplement faire cet exercice, dites lui :

Assieds-toi confortablement et détends-toi simplement. Maintenant tu fixes un point au plafond.

Regarde fixement ce point, puis petit a petit commence à regarder ce qu'il y a autour, tout en restant fixé sur le point.

Augmente ton champ de vision, et regarde une plus large partie du plafond, puis tout le plafond pour petit à petit prendre conscience de toute la pièce dans laquelle tu es, sans lâcher ton point initial des yeux.

Quand tu sens que tu perçois toutes les parties de la pièce tu fermes les yeux et tu respires profondément.

Maintenant tu vas prendre attention à tous les sons qu'il y a autour de toi, ma voix, et même les battements de ton cœur, penses à respirer plus profondément.

Prends également conscience de la position de ton corps et plus tu prends attention aux sons, tu détends de plus en plus ton corps et les différentes parties du corps que tu relâches.

Maintenant, tu vas simplement imaginer que tu descends 10 marches et qu'entre chaque marche tu te détends de plus en plus.

10 - Relâches-toi 9 - Tu sais ce que tu souhaites mettre en place 8 - Relâches-toi simplement 7 - Tu vas simplement imaginer ce que tu souhaites faire et être. 6 - Relâches-toi toujours en te fixant sur ton souffle et ton corps 5 - Tu sais que tu es capable de tout. 4 - Détends-toi simplement et ouvres-toi à tes capacités 3 - Imagines-toi sans aucune limite 2 - Respires profondément 1 - Imagines-toi avec ce que tu souhaites mettre en place, tes objectifs, tes envies.

• Prends un moment pour imaginer comment tu te sentirais ? Tu serais bien ? Quand tu sens que tu es bien dans cette image, tu me le dis.

• Imagines ce qui te motive le plus pour parvenir au succès de cet objectif. Peu importe ce que c'est, tu n'as pas besoin d'en parler, tu le gardes en toi, pour toi.

• Maintenant je vais te demander d'imaginer une rencontre avec toi qui est motivé, confiant, celui qui a mis en place ce que tu as en tête. Comment est-il ? Comment se sent-il ? Est-il fier de lui ? Comment le perçois-tu ? Trouves-tu qu'il est bien, qu'il est capable de tout ?

• Tu vas imaginer que tu fais un deal avec lui. Avec cette partie de toi. Tu vas te promettre de faire tout ce qui est en ton pouvoir pour arriver à ce que tu désires. Une fois que ce 'pacte' est fait, tu me le dis.

• Je te demande de passer tous les jours quelques minutes à repenser à cette image de toi dans la réussite de tes objectifs.[63]

• Je vais compter de 1 à 5 et tu ouvriras les yeux, en te souvenant de cette rencontre.

1 – tu sais ce dont tu es capable 2 – tous les jours tu passes un peu de temps à te souvenir de ce que tu veux mettre en place 3 – tu as de plus en plus confiance en toi 4 – respires profondément 5 – ouvres les yeux.

Vous pouvez faire ce type de séance à vos plus jeunes enfants. Les adolescents peuvent également prendre plaisir à construire et à développer le champ des possibles.

J'ai l''habitude de souvent proposer à des patients qui apprécient de s'imaginer, sans les contraintes que l'esprit leur impose trop souvent. Pensez bien qu'il est important de faire imaginer. Les plus grandes oeuvres de ce monde ont été mises en place par des personnes qui les rêvaient, avant de les fabriquer.

Sans cette phase de pré-action, il n'existe pas d'action. En tant que parents, offrez-leur la capacité de penser et de rêver l'impossible. Ne les limitez jamais, même lorsqu'ils vous parlent de choses qui vous semblent insensées.

Peu de personnes devaient croire que des tablettes tactiles deviendraient aussi populaires et pourtant...

Tout au long de vos enseignements offrez-leur la plus grande des facultés : rêver.

Conclusion

Vous avez, en tant que parents, de grandes responsabilités et vous faites de votre mieux au quotidien pour permettre à vos enfants de partir dans les voies du bonheur.

Vous avez pu découvrir dans ce libre des techniques, issues de différentes méthodes, qui permettent de parler avec la facette la plus extraordinaire de l'être humain : le subconscient. Je n'ai pas souhaité vous faire un 'cours' sur l'hypnose, cela n'a aucun intérêt pour vous qui êtes sur le terrain au quotidien.

En revanche, vous allez comprendre facilement que votre façon de communiquer, de faire passer vos idées, de faire imaginer, de centrer l'attention, permettra de véritables changements dans votre façon de gérer vos rapports avec vos enfants.

Ces outils sont simples. Ils ont été mis en place des milliers de fois dans les cabinets de nombreux thérapeutes, ils ont été testés par ces derniers dans des cas qui demandent des thérapies. Vous avez entre les mains de quoi faire avancer ce qui est certainement le plus important pour vous.

Il y a une chose qui est tout aussi importante que l'attention que vous portez à vous enfants : Vous

Vous devez également penser à votre personne, à vos problèmes, à vos peurs, à vos angoisses. Vous faites tous les jours de votre vie ce qui est le mieux pour vos enfants. Seulement parfois, vous vous oubliez, vous fatiguez et vous savez qu'il est de plus en plus difficile de supporter les diverses situations qui se présentent. C'est normal, il y a saturation.

Dans ce livre, vous avez pu découvrir différentes manières de faire : utilisez-les pour vous. Prenez du temps une fois ou deux par jour pour les appliquer sur vous. Que ce soit dans les transports, sous la douche... répétez ces exercices simples, cela vous permettra de vous recentrer. Vous y trouverez rapidement un plus pour votre quotidien.

N'hésitez pas à m'envoyer vos retours. En fonction des remarques et des demandes, je pourrais mettre en place un autre volume, pour que vous puissiez donner à ceux que vous aimez ce qu'il y a de meilleur en vous.

Pank Juin 2013

Annexe

Réflexions sur les liens de L'EFT et de l'Hypnose By Pank (Hype-N-Ose) Cet article est assez technique, n'hésitez pas à m'envoyer un mail si vous avez des questions : hype.ose@gmail.com

Je souhaiterais partager ma perception vis-à-vis d'un système qui aujourd'hui fait de plus en plus parler de lui : L'Emotional Freedom Technique.

Pour moi l'EFT n'est qu'une forme d'hypnose et j'écris ce papier dans un but d'échanger nos réflexions.

1) LA CROYANCE et la force de SUBSTITUTION :

Le service marketing de l'EFT a très bien vendu son produit. Pour donner un poids important au système, il se réfère aux Méridiens et aux points d'acuponcture.

C'est une belle méthode de SUBSTITUTION, mettre le poids de la grandiose médecine millénaire dans la balance d'un outil pour le bien être, on ne peut pas faire mieux.

C'est comme si j'utilisais des paroles de Milton Erickson ou de Dave Elman, pour expliquer le bien fondé de l'Hypnose. Qui irait les remettre en question ?

Pour la CROYANCE, on utilise le mot ENERGETIQUE. Sublime connexion avec le mystique et le possible. Entre les rebouteux, les chamanes, les maîtres des Indes et leurs Chakras.

Qu'on le veuille ou non dans les thérapies alternatives, le mouvement New Age, avec ses mixages de croyances, nous ont bien été ancrés.

Vous me direz peut être que j'ai tout faux. Que la Croyance n'a rien à voir. Vous connaissez des personnes qui n'y croyaient pas et sur qui cela a fonctionné.

A quoi je vous répondrais, une personne qui monte sur scène en Spectacle d'Hypnose, accepte de ce fait, qu'il peut se passer quelque chose. Il ouvre donc son subconscient à ses possibilités.

Si je vous propose un médicament merveilleux mais que vos croyances vis-à-vis des pilules sont négatives, le prendriez-vous ? Certainement pas. C'est la même chose avec l'acceptation d'un système, une partie de nous même souhaite (et donc stimule) un mieux être.

Avant d'aller plus dans le détail de ma réflexion, parlons un peu du Tapping.

Savez-vous dans quelle discipline, sauf EFT et affilié, nous trouvons le principe de TAPPING ? A ma connaissance : AUCUNE.

J'ai eu la chance de faire beaucoup d'énergétique et de massages. J'ai vu des pressions, des touchers, des palpations, des roulages, des vibrations, des pincements... des techniques liées aux systèmes Indiens et Chinois.

Je n'ai jamais vu aucun tapping comme il en existe en EFT. Si vous avez une explication de son origine et de ses vertus avant Callahan je suis preneur.

2) LES DIFFERENTES ETAPES :

D'après le Mini Manuel de l'EFT chapitre « La recette de base de l'EFT » par Gary Craig.

A) Échelle D'INTENSITE

La recherche d'intensité en Hypnose est un outil que l'on nomme FOCUS INTERNE.

Cela permet au client d'entrer à l'intérieur de lui et donc de créer une dissociation avec le conscient analytique.

Il peut y avoir au départ un « Je ne sais pas », cela nous indique que le conscient n'a pas de réponse toute faite. La réponse doit être cherchée donc cela modifie l'Etat de Conscience du client.

B) REPETER 3 FOIS

Le cerveau pour ne pas saturer, admet qu'une information répétée 3 fois de suite (au minimum), devient une HABITUDE.

L'HABITUDE permet de contourner le Facteur Critique et de pénétrer dans le Subconscient.

Dans le cas du Set Up nous répétons 3 fois l'Affirmation pour en faire une SUGGESTION HABITUELLE.

C) L'AFFIRMATION

L'AFFIRMATION est un PARADOXE, Il est directement confusionnant pour le client.

La CONFUSION est un élément entraînant deux choses :

•la SATURATION du conscient et de son facteur critique entraînant une TRANSE.

•L'APPROFONDISSEMENT

Prenons l'exemple d'une personne Obèse. Elle n'acceptera JAMAIS d'être Obèse. Le fait que la figure d'autorité (le praticien) lui impose (ou propose) une affirmation comme celle ci, va automatiquement créer une CONFUSION.

De cette CONFUSION et par le principe de base de l'humain qui est ENGAGEMENT et COHERENCE (cf Cialdini), il va accepter la SUGGESTION sans pouvoir l'analyser. Ce qui induit un état de Transe.

D) Le Point KARATE

Cette étape que nous utilisons pour éviter les INVERSIONS PSYCHOLOGIQUES reprend un principe essentiel pour le RAPPORT, praticien et client.

Le PACE and LEAD, nous lui proposons un geste qu'il exécute, il est également dans une dynamique de YES SET, l'autorité du LIVRE ou du PRATICIEN, lui ayant fait accepter de :
•Noter son mal (1 oui)
•Accepter une Affirmation Paradoxale (2e Oui)
•Taper le point Karaté (3e Oui).

Vous remarquez que l'on retrouve les 3 fois.

Vous observerez même que la personne est en catalepsie de Bras quand il tapote en Karaté. (Soit un Niveau 2 de Transe par les Critères NGH)

Je résume :

FOCUS INTERNE donc on ouvre la voie au contournement de facteur critique. On construit un Schéma pour faire une HABITUDE. La SUGGESTION est un paradoxe ce qui confusionne le client. On lui fait suivre un Geste en même temps que NOUS = Pace and Lead.

Cela facilite la SYNCHRONISATION, le TAPPING est le moyen de faire suivre le client à notre rythme.

Le fait que le client suive le protocole et soit ACTIF dans sa démarche de guérison via le TAPPING permet sa responsabilisation.

Cela revient à l'approche ELMANIENNE de ne faire un travail avec son client que s'il est prêt à faire 50% du travail.

Cela représente l'ACCEPTATION de son SUBCONSCIENT, le facteur critique ayant été contourné.

E) Le TAPPING :

Le TAPPING apporte deux leviers Hypnotiques :

1) l'APPROFONDISSEMENT

Nous avons vu que les étapes précédentes représentaient une forme d'INDUCTION.

Saviez-vous que le point entre les sourcils (certes un peu décalé de celui de l'EFT, mais je ne m'en fais pas, il y a un système de résonance dans le corps) était très utilisé en Hypnose de scène pour APPROFONDIR les sujets (Ref : Ormond MacGill).

Vous remarquerez que c'est le PREMIER tapping que l'on fait.

2) L'ANCRAGE

Le TAPPING permet d'ANCRER plusieurs choses.

•La SUGGESTION
•L'ETAT de TRANSE
•LE RAPPEL

C'est également un excellent outil pour gérer les ABREACTIONS. Cela permet simplement de DISSOCIER, en se centrant sur le TAPPING.

F) Le Fonctionnement

L'intérêt de la phrase de rappel est de se connecter à son émotion. La DISSOCIATION qui est effectuée pendant le TAPPING permet de COUPER les LIENS (Technique de DEUIL en Hypnose) avec la source émotionnelle.

La SUGGESTION qui en plus est paradoxale va entraîner une déformation du Schéma Pensés/Émotions, jusqu'au refus de faire vivre ce schéma.

En TRANSE, cela permet une RUPTURE DE SCHEMA faite par le SUBCONSCIENT du CLIENT.

Je prends la méthode courte, comme dit Craig, elle fonctionne quasiment pour tous.

G) Test de RESULTAT :

A cette partie de la SESSION, nous entrons dans du POST HYPNOTIQUE.

Il est facile de SUGGERER un mieux-être à la PERSONNE. Ce qui va en plus être ancré par le Tapping qui suivra, soit :

•Réajustement
•Travail à la maison.

H) AJUSTEMENT

C'est un excellent moyen de DEVELOPPER l'ANCRAGE de succès (Diminution).

En Post Hypnotique, le client est toujours dans un fort état de suggestibilité.

A partir de là, si les indications sont bien données avec une SEMANTIQUE adaptée, le client a un moyen de retourner en AUTO HYPNOSE, par son TAPPING.

1) PROBLEME DE FOND

Un client en TRANSE va très souvent nous diriger vers son Problème de Fond.

La raison est simple, une fois la porte au Subconscient ouverte ainsi qu'un réel dialogue entre Conscient- Subconscient-Opérateur en place, le subconscient souvent étouffé, prend SA PLACE dans le dialogue et OFFRE l'information juste.

J) SOYEZ PRECIS

Plus LA SEMANTIQUE est précise et plus le Subconscient fait la SUGGESTION qu'il démultiplie.

H) L'EFFET de GENERALISATION

C'est un principe Hypnotique de base, si l'on travail sur la perception d'un événement même s'il n'est pas l'initiateur, automatiquement le subconscient a une « REPONSE » à proposer au traumatisme, même plus ancien.

C'est un travail de RESSOURCE.

I) TECHNIQUE DU FILM

C'est l'équivalent à une technique de PNL, avec travail sur les Submodalités et les Swich Pattern.

J) TECHNIQUE EFT RESPIRATION RESTREINTE :

Si vous connaissez un peu le Yoga et sa partie PRANAYAMA, vous savez qu'un travail sur le SOUFFLE entraîne une amélioration systématique de l'état des personnes.

La respiration est le souffle de vie.

CONCLUSION

Le but de ce petit texte est d'ouvrir une réflexion commune.

En quoi pourriez-vous différencier l'EFT d'une hypnose de base ?

Est-ce que vous pensez que le Tapping a tant d'intérêt que cela ?

J'ai étudié cette méthode grâce à mon professeur de PNL, par Dawson Church, par Lee Pascoe et par le HMI. En plus j'ai eu la chance de faire du SET/PET.

Aujourd'hui je suis toujours très en retrait vis-à-vis de cette méthode.

J'aime simplement le principe d'ANCRAGE de TRANSE pour le client. Et ainsi lui offrir un outil de mieux être.

Je serais très heureux de débattre de ce sujet.

Be one.

Pank

Qui est HnO Hypnose ?

HnO Hypnose est une association de pratiquants et de praticiens en Hypnose à tendance Elmanienne, Hypnosophie, Hypnose Fusion et Thérapies Durables.
Notre but est de rechercher, développer, pratiquer et diffuser sur ces sujets. Pour ce faire, nous utilisons plusieurs leviers : des formations, des cabinets ouverts, de l'Hypnose Urbaine, des livres, des audios, des live Facebook, des Podcasts...
Nous organisons des formations en Hypnose Classique Curative, Hypnosophie et Psycho-Pratique Intégrative ainsi que des ateliers en thérapie durable.
L'Hypnosophie est une discipline de synthèse et intégrative. L'hypnose est un vaste monde avec des écoles, des styles et des tendances. Plus qu'un style, nous souhaitons intégrer, sur les bases communes de l'hypnose, une ouverture globale.
Nous organisons des cabinets ouverts, dans le but de faire découvrir l'aspect curatif au plus grand nombre.
Toutes les semaines nous organisons des sorties Hypnose Urbaine ou des Hypno-papotages. Nous y invitons des praticiens mais aussi des amateurs. Le but étant de faire connaître, dans un autre contexte que le soin, ce qu'est l'Hypnose. Cette expérience humaine est extraordinaire. Nous pouvons dissiper les à priori et faire vivre des expériences agréables aux passants. Vous pouvez trouver plus d'informations sur ce que nous mettons en place sur : www.hno-hypnose.com
Nous avons mis en place un site de Mp3 d'Hypnose pour faire vivre des micros séances. Vous trouverez des informations sur : www.hno-mp3-hypnose.com
Si vous souhaitez nous rencontrer, échanger, partager, n'hésitez pas à nous contacter :
Mail : hype.ose@gmail.com
YouTube / Twitter / Facebook : Hype-N-Ose

Aller plus loin avec HnO Hypnose

Site Hypnose Fusion :

J'ai fait un site qui regroupe désormais l'ensemble des thèmes que j'aborde régulièrement.

- Hypnose et Magnétisme
- Hypnose et rupture amoureuse
- Hypnose et Enfants
- Hypnosophie
- Crosstherapy
- Hypnose et Sexualité
- Hypnose et Sommeil
- Hypnose Urbaine
- Coaching et SmartBrain Process
- Hypnose et Grossesse
- Hypnose et Manipulation
- Hypnose et Arrêt du Tabac
- Hypnose et Anneau Gastrique Virtuel (Système BAGH)

N'hésitez pas à l'utiliser le plus possible, je vais le faire évoluer et répondrai à vos questions.
https://hypnosefusion.com/

Programme d'hypnose disponible gratuitement :

Programme pour se donner de la Bienveillance (21 Jours)
https://hypnosefusion.com/hypnose-et-bienveillance/

Programme Mincir et Prendre soin de soi (21 Jours)
https://hypnosefusion.com/systeme-bagh-programme-mincir-et-prendre-soin-de-soi-5min-jour-sur-21-jours/

Programme Arrêter de Fumer Gratuitement (21 Jours)
https://hypnosefusion.com/hypnose-et-arret-du-tabac/

Programme Anneau Gastrique Hypnotique Gratuit (21 Jours)
https://hypnosefusion.com/hypnose-et-anneau-gastrique-virtuel-systeme-bagh/

Programme Loi d'Attraction (21 Jours)
https://transeattraction.wordpress.com/

Programme Sommeil (7 Jours)
https://hypnosefusion.com/hypnose-et-sommeil/

Programme Hypnogrossesse (21 Jours)
https://hypnosefusion.com/hypnose-et-grossesse/

Programme Smartbrain Process (120 Jours)
https://hypnosefusion.com/coaching-et-smartbrain-process/

Boite à Outils :
Je vous ai mis en ligne une petite boite à outils sur le site
: https://hno-hypnose.com/boites-a-outils-et-partages/

www.ingramcontent.com/pod-product-compliance
Lightning Source LLC
Chambersburg PA
CBHW070230290526
45789CB00004B/1567